A Rookie reader español

Cuando sea grande

Escrito por Jo S. Kittinger
Ilustrado por Margeaux Lucas

Children's Press®
Una división de Scholastic Inc.
Nueva York • Toronto • Londres • Auckland • Sydney
Ciudad de México • Nueva Delhi • Hong Kong
Danbury, Connecticut

A los *Leaky Pens,* quienes me ayudaron a convertirme en escritor
—J.S.K.

A mis sobrinitas, Lauren y Ula
—M.L.

Consultores de lectura

Linda Cornwell
Consultora de educación
(Jubilada, Oficina de Educación del Condado de San Diego
y de la Universidad Estatal de San Diego)

Traductora
Eida DelRisco

Información de Publicación de la Biblioteca del Congreso de los EE.UU.
Kittinger, Jo S.
  [When I grow up. Spanish]
  Cuando sea grande / escrito por Jo S. Kittinger ;
ilustrado por Margeaux Lucas.
        p. cm. — (A rookie reader español)
Resumen: Una niña pequeña se imagina todas las cosas que puede ser
cuando sea grande, incluyendo conductora de camión o presidenta.
    ISBN 0-516-24443-4 (lib. bdg.)   0-516-24692-5 (pbk.)
  [1. Crecimiento-Ficción. 2. Papel de los sexos-Ficción. 3. Ocupaciones-Ficción.
4. Materiales en lengua española.] I.Lucas, Margeaux, il. II. Título. III. Series.
    PZ73.K543 2004
    [E] –dc22

                                        2003016723

Cuando sea grande,
podré ser lo que quiera.

Una doctora.

Una granjera.

Una artista.

Una camionera.

Una cantante.

Una maestra.

Una payasa.

Una bombera.

19

Incluso podría ser presidenta.

Pero hoy sólo quiero jugar.

Lista de palabras (25 palabras)

artista	incluso	que
bombera	jugar	quiera
camionera	lo	quiero
cantante	maestra	sea
cuando	payasa	ser
doctora	pero	sólo
grande	podré	una
granjera	podría	
hoy	presidenta	

Acerca de la autora

Jo S. Kittinger, nativa de la Florida, cuando era niña, soñaba en convertirse en astronauta. Su poderosa imaginación la condujo a un mundo de aventuras a través de las palabras. Además de escribir, Jo disfruta de la naturaleza, la cerámica, la fotografía y la lectura. Mientras enseñaba a leer a sus hijos, Jo se dio cuenta del papel crítico que jugaban los lectores principiantes. Ahora vive en Alabama con su esposo, dos niños y tres gatos.

Acerca de la ilustradora

Margeaux Lucas nació en Ohio, pero ahora vive en Nueva York. Ha estado dibujando constantemente desde que tenía cuatro años, así que siempre se ha visto a sí misma como una artista. Por supuesto, hubo momentos en que pensó en seguir otras carreras como maestra pastelera o estrella de cine. En sus ilustraciones, verás reflejados muchos de sus deseos.